經典
少年遊

012

李清照

中國第一女詞人

Li Ch'ing-chao
The Preeminent Poetess of China

繪本

故事◎鄧芳喬
繪圖◎蘇力卡

李清照是宋朝的女詞人，
生長在書香世家，
從小飽讀詩書，
很早就會寫詩作詞， 還會作畫，
讓爸爸媽媽很得意。
長大後，
她和一位名叫趙明誠的學者結婚。
丈夫也喜歡看畫讀詩，
夫妻兩人一直過著幸福快樂的生活。

可惜好景不長，
當時社會動盪不安，
外族金人又不斷侵襲邊疆，
趙明誠奉朝廷命令，
遠赴他鄉做官。
夫妻分隔兩地，
只能彼此默默思念。

李清照想起過去的重陽節，
夫妻倆一起喝酒、賞菊的情景，
是多麼甜蜜快樂啊！
如今卻只剩一個人，
孤獨地看著菊花，想著他。
漸漸地，李清照的模樣
變得比菊花還要清瘦了。

其實，她很久不摺被了、
也不想抹胭脂，
甚至連頭髮都不梳了，
梳妝盒都布滿灰塵。
丈夫不在家，
打扮漂亮給誰看呢？

最近她是瘦了許多，
是因為生病了？
還是感傷秋天又來了？
不，都不是。
其實是一想到離別的痛苦，
才會漸漸消瘦的。

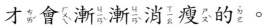

七夕的晚上，
李清照抬頭仰望星空，
聽到草叢裡
傳來蟋蟀的叫聲。
一陣風吹來，
幾片樹葉飄落……
會讓她想起自己
和丈夫，
就像是隔著一條
長長的銀河，
只能遙遙相望。

舊地重遊，

來到昔日和丈夫同遊的荷花湖畔。

然而，眼前的荷花謝了，

枯枝殘葉，

只見大雁成群，飛往南方過冬。

秋意漸濃的黃昏，

讓她不禁冷得顫抖，

一時千言萬語湧上心頭。

不幸的是，
後來兩人又因戰火逃難到南方。
她默默看著、
聽著兵荒馬亂的情形，
擔心著丈夫的工作，
也苦惱著兩人苦苦搜集的金石文物
要藏在哪裡？
擔心著金兵還會不會再攻來？

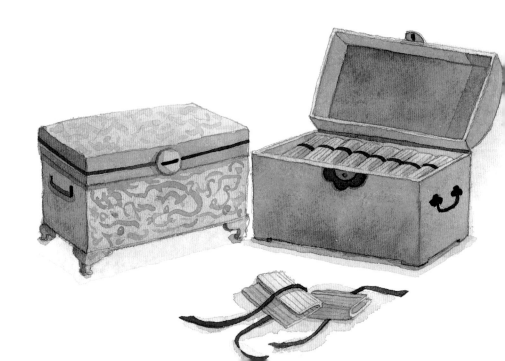

她以為這種痛苦的日子總會過去。
然而幾年後， 丈夫卻因病去世，
留下她一個人。
每當半夜， 窗外忽然下起雨，
雨聲一聲接著一聲，
滴答滴答地打在芭蕉葉上，
感覺特別淒涼，
好像一顆顆的淚珠重重地敲打在心上。
她實在承受不住呀！

冬去春來，花朵漸漸綻放，
大家正忙著慶祝春天到來。

她原想和大夥兒一樣，出外踏踏春雪，
但就怕國破家亡的心事，
是這麼的沉重，
恐怕連出遊的小船都載不動吧？

美好的時光早已煙消雲散，
藉著寫詩填詞，
將心情點滴一一吟唱出來，
李清照年華老去了。
打從戰亂時遠走他鄉，
直到現在，
她再也提不起孩童般提燈、
賞花的興致了。

偶爾， 李清照會感嘆，
自己的一生是如此顛沛流離。
但她不知道，
就因為這樣起伏的一生，
為宋詞增添了多少美麗的詩篇。
她用一生寫下對家、
對國的悲歡離合，
是亂世中難得一見的才女，
更是歷史上傑出的女詞人！

李清照
中國第一女詞人

讀本

原著◎李清照
原典改寫◎劉思源

李清照是中國文學史上著名的才女，據説她清新美麗，膽量過人，懂得音樂。圍繞在她身邊的人有誰呢？

李清照（1084～1156年）是知名的宋朝詞人，號易安居士。她十八歲與趙明誠結婚，兩人志趣相同，都非常喜好文學與古文物，婚後過著填詞、整理古籍的愜意生活。宋朝南渡之後，時局紛亂、丈夫病逝，李清照的生活轉趨困頓。因此，她的作品風格從前期的閨怨思念，轉而成為感嘆身世的沉鬱哀戚。圖為明代畫家筆下的李清照，出自〈千秋絕豔圖〉。

李清照

相關的人物

TOP PHOTO

李格非

李格非是李清照的父親，是北宋政治家王珪的女婿，也是當時文壇的一介進士，學識涵養很豐富，曾經擔任冀州的司戶參軍、試學官，以文會友認識了蘇軾，也是蘇門「後四學士」之一。

晁補之

晁補之是宋朝有名的文學家，也是李格非的朋友。他出身文學世家，所寫的詩曾令蘇軾讚嘆不已。李清照十一歲時寫了一首詩，晁補之看過之後十分驚訝，不斷向別人稱讚李清照的才華，也給了她不少指點。

趙明誠

趙明誠是李清照的丈夫，是宰相趙挺之的兒子，他和李清照結婚時，仍在太學讀書。他對鐘鼎、碑碣等金石器物相當有興趣，常和李清照共同讀書、賞玩，之後曾在朝廷任官，在靖康之難後飽經流亡摧殘，很早就病逝了。著有《金石錄》（下圖）一書。

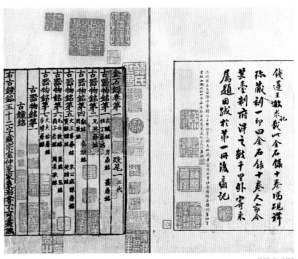

趙挺之

趙挺之是趙明誠的父親，他在朝廷擔任宰相，在政治上與李清照的父親李格非屬不同黨派。在一次激烈的黨爭中，李格非被罷了官，李清照曾獻詩請求趙挺之相救，但他衡量了利害關係後，斷然拒絕了。

張汝舟

李清照歷經國破家亡後無依無靠，在先生趙明誠病逝之後，嫁給了張汝舟。張汝舟是南宋時期的一名小官，為了李清照的財物才與她結婚。婚後不久，張汝舟就露出本性，不但逼迫李清照交出財物，還對她拳打腳踢。最後李清照忍無可忍，告發張汝舟貪汙，而這段婚姻也只維持了大約一百天，便草草結束。

李清照的一生，就像她筆下的詞一般，可説是波瀾起伏。每個時期的創作，都與她所經歷的時代背景有關。

1084 年

李清照誕生於山東濟南，父親李格非是進士出身，於朝廷任官，是當時極有名氣的作家，深受蘇軾所賞識。母親王氏也是出身名門，祖先都是進士，父親還曾擔任丞相。

約 1095 ～ 1100 年

李清照遺傳了雙親的天賦，從小接受文學的熏陶，她經常待在父親的書房裡看書、畫畫。閒暇時，她也喜歡賞花、盪鞦韆，生活相當富裕安逸。

1101 年

在李清照十八歲這一年，認識了大她三歲的趙明誠，兩人情投意合、門當戶對，不久後便成親了。結婚後，趙明誠仍在太學讀書，只有每月初一、十五才能回家，夫婦倆無法經常見面，但這反而使他們更珍惜短暫的相處時光。

出生

少女時期

相關的時間

結婚

長住青州

1108 ～ 1117 年

這時的趙明誠在京城做官，存了一些錢，不久後他們便回到山東青州居住。李清照把他們的書房取名為「歸來堂」，也替自己取了「易安居士」這個名號，她還和趙明誠一起研究金石，趙明誠撰寫《金石錄》時，李清照幫了很大的忙。

1126 ～ 1127 年

宋朝的社會有一種「重文輕武」的傾向，有利於經濟發展與文化的繁榮，但也因此，導致國家武力積弱不振，飽受外族侵襲。1126 年，金國攻進汴京，把徽宗和欽宗兩個皇帝都俘虜去了，歷史上稱作「靖康之難」，結束了宋朝的第一個階段，也就是「北宋」。1127 年，宋高宗在今河南商丘即位，開啟了宋朝第二個階段，稱之為「南宋」。

靖康之難

1129 年

這一年，朝廷下詔趙明誠出任湖州，他只好冒著烈日趕路上京，在到達建康的當天就中暑病倒了。李清照聽到這個消息，連夜雇船到建康，急忙派人請來名醫，希望能挽回丈夫一命，無奈還是太遲了。

丈夫病逝

1132 年

李清照在先生趙明誠病逝後，居無定所、身心憔悴，於是再嫁給張汝舟。剛開始張汝舟對李清照呵護有加，事實上他是覬覦李清照所蒐集的金石文物，後來便慢慢露出本性，對李清照暴力相向。李清照嚥不下這口氣，出面告發張汝舟，離婚後，她花費全部的心力，整理出《金石錄》。

再婚

晚年

1141 ～ 1156 年

積弱的南宋抵不過金國的攻打，在 1141 年簽訂了「紹興和議」，從此宋朝成為金的屬國。李清照面對國破家亡的局勢，心裡十分悲痛。晚年的她，在孤獨貧困中渡過，享年約七十三歲。圖為「中興四將」中的岳飛和張俊。秦檜為了達成「紹興和議」，以「莫須有」的罪名殺死了岳飛。〈中興四將圖〉為中國歷史博物館藏品。

李清照愛讀書、愛金石、愛創作，她與丈夫趙明誠之間
有數不完的相同樂趣，關於李清照還有些有趣的小事情呢？

《漱玉詞》是李清照的作品集，「漱玉」是因李清照故居前的「漱玉泉」而來。雖然《漱玉詞》只流傳下五十多闋詞，但大多數篇目都是千古不朽的佳作。

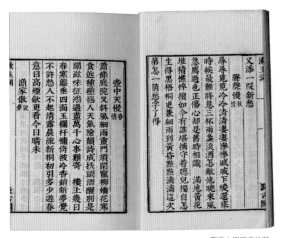

臺灣大學圖書館藏

漱玉詞

相關的事物

命中注定

相傳李清照的丈夫趙明誠小時候，曾在夢裡讀了一本奇書，醒來後只記得三句話：「言與司合，安上已脫，芝芙拔草。」他跑去問父親趙挺之，父親笑說：「言和司合就是『詞』，安去掉上頭就是『女』，芝芙拔掉草字頭就是『之夫』，你將來是女詞人的丈夫呀！」

誰寫得好

李清照曾寄了一首〈醉花陰〉給在外地當官的趙明誠，表達無限的思念。趙明誠收到後又驚喜又慚愧，因為妻子寫得實在太好了。他花了三天三夜寫了五十闋詞，然後把妻子的作品重新抄錄，請好友陸德夫評論一下，沒想到好友認為李清照的詞寫得比較好，趙明誠只好認輸。

金石學

「金石學」是一門研究古代銅器和碑石的學問，包括玉石、經卷、錢幣、書帖、碑刻等。李清照的先生趙明誠對於鐘鼎、碑文拓本、金石器物，以及古文字很有興趣。《金石錄》就是他生前的作品，內容是歷代以來器物、石碑上的石刻文字。金石是李清照與趙明誠共同的愛好，這本書可以說是他們共同的結晶，只可惜在宋室南渡之後，他們所珍藏的文物也都在逃難的過程中遺失了。

梧桐仕女圖

〈梧桐仕女圖〉，是清代畫家王素根據李清照的作品〈醉花陰〉所繪製的圖。畫中有梧桐樹、大石、菊花，還有倚窗的纖弱女子，傳神地表達了李清照詞中「簾捲西風，人比黃花瘦」的蕭瑟意境。現為南京博物院藏品。

李清照是中國文學史上閃亮的一顆星，
一同來看看她生活過的地方，以及後代又是如何紀念她。

除了清照園，濟南也建了一座李清照的紀念堂。這座紀念堂就蓋在李清照父親的舊住所易安居旁，連同易安居也成為了紀念堂的一部分。紀念堂分為三個部分：正殿漱玉堂、西院有竹堂、東院靜治堂，展出了模擬李清照生活的蠟像以及李清照的著作等。

紀念堂

相關的地方

漱玉泉

為了紀念李清照，在山東濟南的趵突泉公園內，除了設有李清照紀念堂，還有「漱玉泉」，是濟南七十二名泉之一。《漱玉詞》由濟南李清照故居前的漱玉泉得名。

TOP PHOTO

清照園

為了紀念出生於章丘明水鎮的李清照，後人在現今百脈泉畔建了一座仿照宋朝建築的清照園。園內有豐富的李清照相關資料，還有書法名家以李清照的絕句詩所寫成的門廊楹聯。

藕神祠

李清照曾寫過一闋詞，描寫藕花的美麗，於是被尊稱為「藕花神」。在濟南的大明湖畔有座藕神祠，裡頭供奉著藕花女神李清照。在她的保佑之下，據說大明湖的蓮藕長得特別茂盛呢！

清照亭

金兵入侵中原之後，李清照往南逃難，曾在杭州的清波門一帶暫時居住。後人為了紀念她的停留，現今築了一座清照亭，來重現她當時的生活。

原典

南歌子

天上星河[1]轉，人間簾幕垂。

涼生枕簟[2]淚痕滋。

起解羅衣，聊問夜何其？

1. 星河：天空中連綿的星群，又稱銀河
2. 簟：竹席

翠貼蓮蓬小，金銷³藕葉稀。

舊時天氣舊時衣，

祇有情懷、不似舊家⁴時。

3. 翠貼、金銷：指的是衣服上所繡的花樣
4. 舊家：從前、舊時

換個方式讀讀看

　　天上的星河轉動，明明滅滅。而人間簾幕已低垂，寂靜得像是整個大地都睡沉了。時序悄悄推移，看著夜空的星兒一日又一日緩緩改變位置，從「臥看牽牛織女星」的盛夏，成為涼意陣陣的初秋。看著黝深夜景，天地彷彿都籠罩於這樣的季節交替中，而這正是我們無法也無力改變的事物。

　　而我，臥在冰涼的枕席上，想起這陣子以來的傷心事，所有難言之痛，僅能化為點點淚滴，暗暗落下。

　　時令的改變無可挽回，正如世事無常，無法挽留。我所經歷的一切，不也正如眼前這一片夜色、這樣的季節。那是我無法抵抗的改變，也是我無力阻擋的動盪。

　　秋夜天涼，而我的心更寒。輾轉反側不成眠，嘆口氣，起身脫下羅衣，望著窗外的深沉夜色，不覺喃喃自問：「現在，已是幾更天了？」

　　失眠至極，對於人事的疲倦攪動心緒，讓我怎麼也無法入睡。於是，披上外衣，走到戶外，望著遠方點點星光，感慨油然而生。這一夜，不

就像從前的夜晚一般？而我身上的外衣，繡著華美的蓮蓬與藕葉，不也和昔日一樣？

　　眼前的金絲翠線，也曾有過繁華璀璨的光景。我曾穿著這件外衣，渡過了多少幸福快樂的時光！那是在一切動亂未起的時刻，我尚未以自身的血淚度量人世間的憂愁有多麼深刻，也尚未體驗生離死別的愁苦有多麼銘心。

　　仔細端詳衣上的繡花，固定繡花的金線已有些斑駁脫落，像是我這一路南渡的飄零命運。

　　物猶如此，人何以堪？

　　面前雖是一如以往的天氣，一如以往的衣裳。然而，涼意蕭瑟、繡線零落，正是我這一路走來的苦痛。我已歷盡許多悲歡離合，心中的悠悠情懷，再也不像從前一樣。

　　在這個難以成眠的夜晚，我又想到過去的悲憤與不安。憶起昔日悠悠往事，我只有無限感慨。

一剪梅

紅藕[1]香殘[2]玉簟[3]秋。

輕解羅裳[4]，獨上蘭舟[5]。

雲中誰寄錦書[6]來？

雁字[7]回[8]時，月滿西樓。

1.藕：荷花

2.殘：凋零

3.玉簟：指竹席

4.羅裳：絲綢做成的衣服

5.蘭舟：漂亮的小船

6.錦書：書信

7.雁字：雁群飛行排成人字形

8.回：指雁往南飛

花ㄏㄨㄚ 自ㄗˋ 飄ㄆㄧㄠ 零ㄌㄧㄥˊ 9 水ㄕㄨㄟˇ 自ㄗˋ 流ㄌㄧㄡˊ 。

一ㄧ 種ㄓㄨㄥˇ 相ㄒㄧㄤ 思ㄙ ，兩ㄌㄧㄤˇ 處ㄔㄨˋ 閒ㄒㄧㄢˊ 愁ㄔㄡˊ 10 。

此ㄘˇ 情ㄑㄧㄥˊ 無ㄨˊ 計ㄐㄧˋ 11 可ㄎㄜˇ 消ㄒㄧㄠ 除ㄔㄨˊ ，

才ㄘㄞˊ 下ㄒㄧㄚˋ 眉ㄇㄟˊ 頭ㄊㄡˊ ，卻ㄑㄩㄝˋ 上ㄕㄤˋ 心ㄒㄧㄣ 頭ㄊㄡˊ 。

9. 飄零：凋謝零落
10. 閒愁：無端而來的愁緒
11. 無計：沒有方法

換個方式讀讀看

　　丈夫出門遠遊，好像一只風箏斷了線，飛到好遠好遠的地方，既看不到，也搆不著。我只能用濃濃的思念繫著他，於是便在錦帕上面寫了這首〈一剪梅〉寄給他，訴説別後的心情。

　　滿池鮮紅的荷花紛紛謝了，連香味幾乎也聞不到了，池裡只剩下枯黃的荷葉和殘枝。我一個人坐在細緻的竹席上，感覺到微微的涼意。

　　啊！夏天真的過去了。

　　我站起來，輕輕脱下絲綢做的衣裙，換上輕便的衣服，也沒帶侍女，一個人划著美麗的小船去散心。

　　我忍不住想起以前和丈夫一起划船的日子，我們握著槳，用力地在水上划著，濺起許多水花和波紋。連躲在沙洲上的鷺鷥、燕鷗都嚇得飛起

來呢！

此刻少了一個人，我孤獨地划著小船，穿過岸邊的枯枝殘葉……

我抬起頭，看見天邊有一群大雁排成人字形往南飛。

聽說大雁會幫人帶信，我不禁呼喚，喂！大雁，有人託你帶信給我嗎？但大雁沒有回話，只見雁群飛過去，月光灑滿西樓。

花朵孤零零地凋落，江水也不停地往前奔流，我和丈夫都一樣深深思念著對方。

分隔兩地，只能各自默默發愁。

這股思念之情滔滔不絕，根本沒有辦法壓抑，也無法消除。才試著展開眉頭，卻又湧上心頭。

原典

醉花陰（重陽）

薄霧濃雲愁永晝[1]，

瑞腦[2]消金獸[3]。

佳節[4]又重陽[5]，

玉枕紗廚[6]，半夜涼初透。

1. 永晝：悠長的白天　　4. 佳節：美好的節日
2. 瑞腦：香料　　　　　5. 重陽：重陽節，農曆九月九日
3. 金獸：香爐　　　　　6. 紗廚：紗帳

東籬[7]把酒[8]黃昏後，

有暗香盈[9]袖。

莫道[10]不消魂[11]，

簾捲西風，人比黃花[12]瘦。

7. 東籬：此指菊花園　　10. 莫道：不要說
8. 把酒：拿著酒杯　　11. 消魂：心神憔悴迷亂
9. 盈：滿　　12. 黃花：菊花

換個方式讀讀看

　　這一天是重陽節，早上我起床後，仔細化了妝、穿上粉色羅裙。即使丈夫不在身邊，畢竟還是個重要節日。

　　我在房裡看了一會兒書，也到廳前走了一圈，沒什麼事情可做，於是又再踱回房內，看來長長的白天真難熬。外面一片霧濛濛的，感覺有點陰暗；房裡圓桌上的香爐裡燒著冰片，從壺嘴裡噴出圈圈香煙，漫出窗外，跟外面的霧氣聯成一氣。

　　明明是家人團聚的日子，偏偏丈夫人在遠方，我只能數著壺口噴出的煙霧打發時間，一噴一吐的，完全沒意識到陽光往前移了多少。

　　好不容易熬到了黃昏，我走到院子裡，在茶几上擺上了酒，對著菊花喝起來。以前重陽節夫妻倆都是一起喝酒賞菊的。我看著菊花，想著丈

夫，毫無察覺衣服上、袖口裡不知何時沾滿了菊花的香氣。

　　晚上開著窗子，讓初秋的明月陪伴我入睡。但睡到半夜，卻被冰透的涼意給驚醒。

　　涼風從枕頭和垂下的紗帳透進來，摸起來都是涼冰冰的。這會兒，房裡房外都瀰漫清冷如水的涼氣。

　　別以為我是喝了酒、賞了花，在這裡故意強說愁。

　　親愛的丈夫啊，你不相信我愈來愈憔悴了嗎？

　　看，床邊的簾子被西風捲起來，露出我的模樣，比外頭纖弱的菊花還要清瘦啊！

原典

鳳凰臺上憶吹簫

香冷金猊[1]，被翻紅浪，

起來慵[2]自梳頭。

任寶奩[3]塵滿[4]，日上簾鉤。

生怕離懷別苦，

多少事、欲說還休[5]。

新來瘦，非干[6]病酒[7]，

不是悲秋[8]。休休[9]！

1. 金猊：香爐
2. 慵：慵懶
3. 奩：梳妝盒
4. 塵滿：布滿灰塵
5. 欲說還休：難以說起
6. 干：相關
7. 病酒：嗜酒、醉酒
8. 悲秋：感傷秋天蕭瑟悲涼
9. 休休：失意的樣子

這回去也，

千萬遍陽關[10]，也則難留。

念武陵人遠[11]，煙鎖[12]秦樓。

唯有樓前流水，

應念我、終日[13]凝眸[14]。

凝眸處，從今又添，一段新愁。

10. 陽關：地名，位今甘肅。後引用為離別，此指陽關曲。
11. 武陵人遠：指心愛的人在遠方
12. 鎖：籠罩
13. 終日：整天
14. 凝眸：目不轉睛地看

換個方式讀讀看

　　時間很晚了，太陽已經高高照到簾鉤上，獅形香爐裡的香料早已燒光了，爐子也冷卻了。

　　一早起來，我想到丈夫又要出遠門，就什麼事都提不起勁。我全身懶洋洋的，懶得幫香爐添點香料，也懶得摺被，連頭髮都懶得梳。

　　丈夫不在家，我打扮得漂漂亮亮的要給誰看呢？

　　其實，我知道丈夫要出門的消息後，就已不想抹胭脂、不想插金釵，任由梳妝盒布滿灰塵。

　　奴婢和長工們忙著為丈夫準備行李，家裡忙忙碌碌的。我心裡有好多話想對丈夫說，又怕他聽了擔心，話到嘴邊又吞下去。

　　最近我瘦了許多，是因為生病了？酒喝多了？還是感傷秋天又來了？

　　不，都不是。其實是一想到離別的痛苦，就吃不下、睡不著，才會漸漸消瘦的。

算了，算了，丈夫若堅持要走，我就算唱一萬次悲傷的驪歌〈陽關曲〉，也留不住他。

我在書裡看過許多旅人一去不返的故事。例如《幽明錄》裡有個故事，傳說漢明帝時有兩個人去天臺山採藥，他們沿著武陵溪上山，遇到兩位美貌仙女，一起生活了半年。等他倆回家後，才發現人間已過了七代。另外《列仙傳》中也記載著，秦穆公的女兒弄玉嫁給吹簫高手蕭史，一起住在秦樓，後來兩人乘著鳳凰離去，只留下空蕩蕩、雲煙瀰漫的樓臺。

而我的丈夫這回離開家，會不會也要很久以後才能回到我身邊？想到他離開以後，自己留下來守著這棟空蕩蕩的小樓，心裡就好悲傷。

大概只有樓前的淙淙流水，會記得我日日夜夜目不轉睛地凝望著它，思念著遠方的丈夫吧。從今以後，我的心裡又添上一段新愁。

原典

臨(ㄌㄧㄣˊ)江(ㄐㄧㄤ)仙(ㄒㄧㄢ)

庭(ㄊㄧㄥˊ)院(ㄩㄢˋ)深(ㄕㄣ)深(ㄕㄣ)深(ㄕㄣ)幾(ㄐㄧˇ)許(ㄒㄩˇ)[1]，

雲(ㄩㄣˊ)窗(ㄔㄨㄤ)霧(ㄨˋ)閣(ㄍㄜ)常(ㄔㄤˊ)扃(ㄐㄩㄥ)[2]，

柳(ㄌㄧㄡˇ)梢(ㄕㄠ)[3]梅(ㄇㄟˊ)萼(ㄜˋ)[4]漸(ㄐㄧㄢˋ)分(ㄈㄣ)明(ㄇㄧㄥˊ)，

春(ㄔㄨㄣ)歸(ㄍㄨㄟ)秣(ㄇㄛˋ)陵(ㄌㄧㄥˊ)[5]樹(ㄕㄨˋ)，

人(ㄖㄣˊ)老(ㄌㄠˇ)建(ㄐㄧㄢˋ)康(ㄎㄤ)[6]城(ㄔㄥˊ)。

1. 幾許：多少
2. 扃：關閉
3. 梢：末端
4. 萼：在花瓣外部保護花蕊的部分
5. 秣陵：地名，約是今南京
6. 建康：地名，今南京

感月吟風多少事，

如今老去無成[7]，

誰憐[8]憔悴[9]更凋零[10]，

試燈[11]無意思，

踏雪沒心情。

7. 無成：沒有成就
8. 憐：同情
9. 憔悴：病瘦
10. 凋零：凋謝零落
11. 試燈：元宵節賞花燈

換個方式讀讀看

　　花了一個早上，叫丫頭把院子裡被雪凍壞的落葉和斷枝撿乾淨，但看來看去，院子裡怎麼還是一股冷冷清清的味道，靜得讓人有點心慌呢？

　　這座庭院怎麼會如此昏暗幽深？這幾天雲霧籠罩，窗子和樓閣都緊緊關著。

　　柳樹枝頭漸漸冒出了點點綠芽，梅樹上也長出許多花苞，看起來嚴寒的冬天就要結束了，春天已經回到江寧城。

　　微微的清風吹醒了冬眠的花朵，也吹綠了樹梢，滿城都洋溢著春天清新芬芳的氣息，我卻覺得自己愈來愈衰老。

　　靖康之難後，我和丈夫匆匆逃到江南。

　　丈夫僥倖當上江寧城的知府，我也跟著他來到這座古城。雖然暫時喘

了一口氣，但眼看著城裡城外兵荒馬亂的情形，忍不住擔心著丈夫的工作，擔心著兩人苦苦搜集的金石文物要藏在哪兒？更擔心著金兵還會不會攻來？

天天煩惱，人怎麼能不加速老去？復國無望，老家是回不去了，我們倆恐怕得在這個老城裡過一生了。

過去寫詩填詞，吟唱著風的心情，訴說著月的美麗，到老卻一事無成。

往昔美好的時光已煙消雲散，如今年華老去，離鄉背井，真令人哀傷。

誰能憐惜我憔悴不堪，一天一天凋零下去的心情？

即使現在是元宵佳節，我哪裡還有心情去賞花燈，踏雪尋詩呢？

原典

孤ㄍㄨ雁ㄧㄢˋ兒ㄦˊ

藤ㄊㄥˊ床ㄔㄨㄤˊ[1]紙ㄓˇ帳ㄓㄤˋ朝ㄓㄠ[2]眠ㄇㄧㄢˊ起ㄑㄧˇ，

說ㄕㄨㄛ不ㄅㄨˋ盡ㄐㄧㄣˋ、無ㄨˊ佳ㄐㄧㄚ思ㄙ。

沉ㄔㄣˊ香ㄒㄧㄤ[3]煙ㄧㄢ斷ㄉㄨㄢˋ玉ㄩˋ爐ㄌㄨˊ寒ㄏㄢˊ，

伴ㄅㄢˋ我ㄨㄛˇ情ㄑㄧㄥˊ懷ㄏㄨㄞˊ[4]如ㄖㄨˊ水ㄕㄨㄟˇ。

笛ㄉㄧˊ聲ㄕㄥ三ㄙㄢ弄ㄋㄨㄥˋ[5]，梅ㄇㄟˊ心ㄒㄧㄣ驚ㄐㄧㄥ破ㄆㄛˋ，

多ㄉㄨㄛ少ㄕㄠˇ春ㄔㄨㄣ情ㄑㄧㄥˊ意ㄧˋ！

1. 藤床：藤編的床
2. 朝：早上
3. 沉香：香料
4. 情懷：心情
5. 三弄：指古曲〈梅花三弄〉

小風疏[6]雨蕭蕭[7]地，

又催下、千行淚。

吹簫人去[8]玉樓空，

腸斷[9]與誰同倚[10]？

一枝折得，

人間天上，沒個人堪寄[11]。

6. 疏：稀少疏落
7. 蕭蕭：風雨聲
8. 去：離開
9. 腸斷：指非常悲傷
10. 倚：倚靠
11. 堪寄：能寄

換個方式讀讀看

　　丈夫接到聖旨趕去江寧，卻在路上得了瘧疾。我連忙坐船東行，一天一夜趕了三百里去照顧他，但還是挽不回他的生命，從此天人兩隔。

　　他去世的那一晚，我的心就已變成一攤死水。

　　我躺在藤製的小床上，兩眼慢慢睜開。呀，太陽竟然都升得這麼高了，這一覺可真睡晚了。我從床上坐起來，心情不好，什麼事都不在乎和不關心。

　　看著桌上的香爐，裡邊的沉香怕也沒剩多少，冒出的煙稀疏得可憐，好像這香爐也懶了，不想再工作，就如同我冰涼如水的心情一樣。

　　走到窗邊，無聊的望著遠處的長巷。忽然巷子裡傳出幽幽的笛聲。是誰在那兒吹奏古曲〈梅花三弄〉？幽幽的笛聲好像號角，吹破梅樹上的花苞，綻放出美麗的花瓣，帶來許多春天的氣息。這本來是個美好的春

天，可是這會兒笛聲聽在耳裡，分明是一種刺痛。

以前我喜歡摘朵梅花插在髮上，要丈夫説説是花美還是人美？丈夫被我逗得笑開了眼。如今就算頭髮插滿了梅花，能叫誰看呢？梅花啊梅花，你可知道，今年的春色已不是屬於我的。

唉，明知丈夫已經永遠離開了，也漸漸習慣屋內的冷清，但怎麼被笛聲一激，眼淚還是不聽話地往下掉呢？此刻人去，樓空，有誰可以和我一起倚欄眺望，傷心地等待那個永遠回不來的人？

想起以前曾有人把梅花寄給遠方的親人，我衝動之下，把一截梅枝摘了下來，只是我人在這裡，丈夫在哪兒？我要把這朵梅花寄到哪兒呢？就算找遍了天上、人間、地上、地下，也找不到他，分明注定這是朵沒人要的花啊。

原典

添字采桑子

窗前誰種芭蕉樹，
陰[1]滿中庭[2]，陰滿中庭；
葉葉心心、舒卷[3]有餘情。

1. 陰：樹蔭
2. 中庭：建築物中央的露天庭院
3. 舒卷：張開捲起

56

傷心枕上三更[4]雨，

點滴霖霪[5]，點滴霖霪；

愁損[6]離人[7]、不慣[8]起來聽！

4. 三更：半夜
5. 霪：雨下很久
6. 損：傷害

7. 離人：流浪的人
8. 不慣：聽不慣

換個方式讀讀看

　　丈夫剛剛去世，金兵就打來了。我為了投靠跟著皇帝逃難的弟弟，也跟著一起逃難。我一個婦人一路上雇船、雇車，還要保護沉重的文物，不知道遇上多少困難，好不容易才來到溫州。

　　我坐在窗前，抬頭往外看。不知是誰在庭院裡種了這幾棵芭蕉樹，天空幾乎都被巨大的芭蕉葉給遮蓋住了，只留下些許天光透過細縫照射下來，在地面上形成大小不一的暗影和亮光。整座小院都被樹蔭覆蓋著，好像架了許多天然的帳篷，走在底下感覺很涼爽很舒適。

　　我循著陽光看過去，發現芭蕉的莖幹十分挺直，沒什麼分枝，橢圓形的大葉子一片片往上竄，再微微地往下垂。

　　再看看葉子，一片一片幼嫩的新葉從層層捲曲的蕉心中緩緩展開，那

樣輕，那樣慢，好像含著無限的情意。

　　晚上睡不著，我拿出白居易親手書寫的《楞嚴經》，就著燭光再次細細翻閱起來，這是丈夫在大亂之前蒐羅到的最後珍品了。我用手指輕輕撫摩著紙頁，想著不管逃難的過程如何艱苦，也要盡力保存這本書。

　　我把書本擱在床邊，彎下身，將頭靠在枕頭上，一想到國破家亡的命運，淚水就順著臉龐不停地滴落。半夜時，窗外忽然下起雨。雨聲一聲接著一聲，滴答滴答地打在芭蕉葉上，那聲音又急又沉，感覺好淒涼、好淒涼，好像一顆顆的淚水重重地敲打在心上。

　　我這個來自北方的異鄉人，聽不慣這種淒涼的聲音，再也無法睡了，乾脆坐起身子聽雨。而心裡的雨也和窗外的雨連成一片。

原典

武（ㄨˇ）陵（ㄌㄧㄥˊ）春（ㄔㄨㄣ）

風（ㄈㄥ）住（ㄓㄨˋ）[1]塵（ㄔㄣˊ）香（ㄒㄧㄤ）[2]花（ㄏㄨㄚ）已（ㄧˇ）盡（ㄐㄧㄣˋ），

日（ㄖˋ）晚（ㄨㄢˇ）倦（ㄐㄩㄢˋ）[3]梳（ㄕㄨ）頭（ㄊㄡˊ）。

物（ㄨˋ）是（ㄕˋ）人（ㄖㄣˊ）非（ㄈㄟ）事（ㄕˋ）事（ㄕˋ）休（ㄒㄧㄡ），

欲（ㄩˋ）語（ㄩˇ）淚（ㄌㄟˋ）先（ㄒㄧㄢ）流（ㄌㄧㄡˊ）！

1.住：停
2.塵香：塵土有落花的香氣
3.倦：慵懶

60

聞說雙溪[4]春尚好，
也擬[5]泛輕舟[6]。
只恐[7]雙溪舴艋舟[8]，
載不動、許多愁！

4. 雙溪：河名，流經浙江金華，唐宋時期知名的風景區
5. 擬：打算
6. 泛舟：划船
7. 恐：怕
8. 舴艋舟：小船

換個方式讀讀看

　　太陽還沒從山頭升起來時，我就醒來了。我隨意披了一件外衣靠在床上。窗外起風了，又淅瀝淅瀝地下起雨。

　　我默默看著院子裡的花兒被風吹、被雨打，紛紛落到土裡。過了一會兒，風雨漸漸停了，太陽從雲後露出臉來，甚至可以聞到陽光晒著泥土，土壤裡混著落花的香味。

　　時間已經很晚了，明知道應該要洗臉，梳個髮髻。只可惜腦袋明白了，心裡還是不明白，因此身體仍然沒動。

　　我因戰亂投靠弟弟，避居在浙江金華。

　　看看房間一側堆疊的書箱，心情又沉落了下來。十幾屋的書箱，就只剩這些了？

　　這些書、這些東西都和以前一樣，丈夫卻已經離開人世好幾年了，而

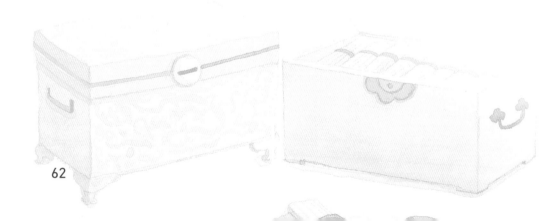

我的身體也一年不如一年，所有熟悉的事物都變了模樣。

　我伸手摸了摸這些書，喉嚨被悲傷和委屈堵住，發不出聲來，倒是淚水像斷了線的珍珠一洩不止。

　門外響起了叩門聲，婢女在外頭問著，是否準備好出門了？我這才想起來，前些日子大夥在商量著要到哪去賞春？我心裡明白，他們是想帶我出門散散心。

　聽說雙溪的風景很美，在春天快結束的時候去那裡划划船應該挺不錯。

　我一邊梳頭髮，一邊告訴自己出去走走總是好的，日子終究是要過下去。只是，心裡仍不免懷疑，自己有這麼多的委屈和哀傷，小小一艘船能載得動嗎？

原典

聲聲慢

尋尋覓覓[1]，冷冷清清[2]，

淒淒慘慘[3]戚戚[4]。

乍暖還寒[5]時候，最難將息[6]。

三杯兩盞[7]淡酒，

怎敵[8]他、晚來風急？

雁過也，正傷心，

卻是舊時相識。

---

1. 尋尋覓覓：不斷到處尋找
2. 冷冷清清：冷落孤寂
3. 淒淒慘慘：淒涼悲慘
4. 戚戚：憂愁痛苦
5. 乍暖還寒：氣候忽冷忽熱
6. 將息：調養休息
7. 盞：酒杯
8. 敵：抵擋

滿地黃花[9]堆積，憔悴[10]損，

如今有誰堪摘？

守著窗兒，獨自怎生[11]得黑？

梧桐更兼細雨，

到黃昏、點點滴滴。

這次第[12]，

怎一個愁字了得！

9. 黃花：菊花
10. 憔悴：生病瘦弱
11. 怎生：怎樣
12. 次第：情景

換個方式讀讀看

　　我一個人在破陋的屋子裡東找找，西翻翻，想找出一點以前的東西，但什麼也找不到。四周冷冷清清的，心中感覺好悲傷，淒涼、慘痛、悲戚的情緒一起湧來。

　　我在尋找什麼？

　　是和丈夫一起精心蒐集的書籍碑帖？還是年輕時的歡笑聲嗎？

　　我和丈夫花費所有家財，千方百計辛辛苦苦收集的寶物，早就在戰亂中被搶了、被偷了、被毀了……剩下的沒幾個。

　　現在已是深秋時節，早上太陽出來暖和了一下，但一會兒又冷起來了，這樣忽冷忽熱，一不小心就會生病。

　　我喝了幾杯薄酒，想藉此暖和一下身子，消消愁，誰知道根本抵擋不了急促的晚風所帶來的陣陣寒意。

抬起頭，看見一行行大雁飛過天空，不由得傷心起來。我曾在北方的家鄉看過這群大雁，沒想到現在又在這兒遇見牠們。大雁隨著季節南來北往，以前丈夫出遠門時，我曾經想把信繫在雁足上，託大雁帶給他。但如今丈夫已死，就算有書信，也無人可寄。

　　如今再看到這些老朋友，想起往事，更加傷心。

　　想到這兒，我不禁又低下頭來。園裡開滿黃澄澄的菊花，但憂傷憔悴的我哪有心情去摘花啊？就任憑花兒枯萎落了一地吧！

　　一個人整天守在窗邊，時光走得比蝸牛還慢，要怎樣才能挨到天黑啊？

　　黃昏時，天空又下起了綿綿細雨。雨珠一點一點、一滴一滴地灑落在梧桐葉上，好像淚水咚咚咚地敲在心上。

　　看著這些淒涼的情景，心情亂紛紛，不是一個「愁」字能說得清楚的。

當李清照的朋友

她不僅飽讀詩書，琴棋書畫樣樣行，還把自己的愛情寫成書，從「繡幕芙蓉一笑開」寫到「尋尋覓覓、冷冷清清」，鼻涕眼淚全掉了下來，讓文字也傷透了心。她是宋代最堅強、最有才氣的女詩人——李清照。

當李清照的朋友，她一定會和你分享創作的祕密，其實很簡單，那就是，要用心體會生活中的各種幸福，哪怕是再小的感動，也別忘了寫下來留作紀念，就像她那本最著名的《漱玉詞》，也是經由生活點滴濃縮而來的。

李清照也是個情感豐沛、多愁善感的女生，當歷經戰亂爆發、先生病亡，僅存的財產也被竊走時，她真是傷心極了。

然而，現實是殘酷的，就算再難過，生活還是得過呀！李清照只好擦擦眼淚、寫寫詞，把眼淚滴在詞句裡，寫完之後，又能昂首闊步，勇敢走下去。當她的朋友，你或許無法體會她詞裡的多愁善感，但卻不得不佩服她過人的堅強。

李清照絕對是古代的新女性，為了爭取更幸福的人生，她從不向現實的困難低頭。如果你是李清照的朋友，她不會和你哭訴自己的可憐遭遇，反而會笑笑地和你說，上天只會給我們過得去的考驗，就像她從不放棄，靠自己的力量搏回生活該有的幸福。

當李清照的朋友，可以學她的堅強自信，學她不敗的謀生能力，無論你是男生或女生，長大後都要像李清照一樣，做個有主見又勇敢的人！

我是大導演

看完了李清照的故事之後，
現在換你當導演。
請利用紅圈裡面的主題（幸福），
參考白圈裡的例子（例如：讀詩），
發揮你的聯想力，
在剩下的三個白圈中填入相關的詞語，
並利用這些詞語畫出一幅圖。

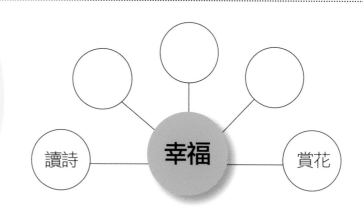

經典 °
少年遊

youth.classicsnow.net

◎ 少年是人生開始的階段。因此，少年也是人生最適合閱讀經典的時候。

因為，這個時候讀經典，可以為將來的人生旅程準備豐厚的資糧。

因為，這個時候讀經典，可以用輕鬆的心情探索其中壯麗的天地。

◎ 【經典少年遊】，每一種書，都包括兩個部分：「繪本」和「讀本」。

繪本在前，是感性的、圖像的，透過動人的故事，來描述這本經典最核心的精神。

小學低年級的孩子，自己就可以閱讀。

讀本在後，是理性的、文字的，透過對原典的分析與說明，讓讀者掌握這本經典最珍貴的知識。

小學生可以自己閱讀，或者，也適合由家長陪讀，提供輔助說明。

001 詩經　最早的歌
Book of Odes: The Earliest Collection of Songs
原著／無名氏　原典改寫／唐香燕　故事／比方　繪圖／AU

聽！誰在唱著歌？「關關雎鳩，在河之洲，窈窕淑女，君子好逑。」這是兩千多年前的人民，他們辛苦工作、努力生活，把喜怒哀樂都唱進歌裡頭，也唱成了《詩經》。這是遙遠從前的人們，為自己唱的歌。

002 屈原　不媚俗的楚大夫
Ch'ü Yüan: The Noble Liegeman
原著／屈原　原典改寫／詹凱婷　故事／張瑜珊　繪圖／灰色獸

如果說真話會被討厭、還會被降職，誰還願意說出內心話？屈原卻仍然說著：「是的，我願意。」屈原的認真固執，讓他被流放到遠方。他只能把自己的真心話寫成《楚辭》，表達心中的苦悶和難過。

003 古詩十九首　亂世的悲歡離合
Nineteen Ancient Poems: Poetry in Wartime
原著／無名氏　原典改寫／康逸藍　故事／張瑜珊　繪圖／吳孟芸

蕭統喜愛文學，喜歡蒐集優美的作品。這些作品是「古詩十九首」，不知道作者是誰，也無法確定究竟來自於何時。當蕭統遇見「古詩十九首」，他看見離別的人，看見思念的人，還看見等待的人。

004 樂府詩集　說故事的民歌手
Yuefu Poetry: Tales that Sing
編者／郭茂倩　原典改寫／劉湘湄　故事／比方　繪圖／菌先生

《樂府詩集》是古老的民歌，唱著花木蘭代父從軍的勇敢，唱出了採蓮遊玩的好時光。如果不是郭茂倩四處蒐集，將五千多首詩整理成一百卷，我們今天怎麼有機會感受到這些民歌背後每一則動人的故事？

005 陶淵明　田園詩人
T'ao Yüan-ming: The Pastoral Poet
原著／陶淵明　原典改寫／唐香燕　故事／鄧芳喬　繪圖／黃雅玲

陶淵明不喜歡當官，不想為五斗米折腰。他最喜歡的生活就是早上出門耕作，空閒的時候看書寫詩，跟朋友喝點酒，開心就大睡一場。閱讀陶淵明的詩，我們也能一同享受關於他的，最美好的生活。

006 李白　長安有個醉詩仙
Li Po: The Drunken Poet
原著／李白　原典改寫／唐香燕　故事／比方　繪圖／謝祖華

要怎麼稱呼李白？是詩仙，還是酒仙？是浪漫的劍客，還是頑皮的大孩子？寫詩是他最出眾的才華，酒與月亮是他的最愛。李白總是說著「人生得意須盡歡」，還說「欲上青天攬明月」，那就是他的任性、浪漫與自由。

007 杜甫　憂國的詩聖
Tu Fu: The Poet Sage
原著／杜甫　原典改寫／周姚萍　故事／鄧芳喬　繪圖／王若齊

為什麼詩人杜甫這麼不開心？因為當時的唐朝漸漸破敗，又是戰爭，又是饑荒，杜甫看著百姓失去親人，流離失所。他像是來自唐朝的記者，為我們報導了太平時代之後的動亂，我們看見了小老百姓的真實生活。

008 柳宗元　曠野寄情的旅行者
Liu Tsung-yüan: The Travelling Poet
原著／柳宗元　原典改寫／岑澎維　故事／張瑜珊　繪圖／陳尚仁

柳宗元年輕的時候就擁有好多夢想，等待實現。幾年之後，他卻被貶到遙遠的南方。他很失落，卻沒有失去對生活的希望。他走進永州的山水，聽樹林間的鳥叫聲，看湖面上的落雪，記錄南方的風景和生活。

◎ 【經典少年遊】，我們先出版一百種中國經典，共分八個主題系列：

詩詞曲、思想與哲學、小說與故事、人物傳記、歷史、探險與地理、生活與素養、科技。

每一個主題系列，都按時間順序來選擇代表性的經典書種。

◎ 每一個主題系列，我們都邀請相關的專家學者擔任編輯顧問，提供從選題到內容的建議與指導。

我們希望：孩子讀完一個系列，可以掌握這個主題的完整體系。讀完八個不同主題的系列，

可以不但對中國文化有多面向的認識，更可以體會跨界閱讀的樂趣，享受知識跨界激盪的樂趣。

◎ 如果說，歷史累積下來的經典形成了壯麗的山河，那麼【經典少年遊】就是希望我們每個人

都趁著年少，探索四面八方，拓展眼界，體會山河之美，建構自己的知識體系。

少年需要遊經典。

經典需要少年遊。

009 李商隱　情聖詩人
Li Shang-yin:Poet of Love
原著／李商隱　原典改寫／唐香燕　故事／張瓊文　繪圖／馬樂原

「春蠶到死絲方盡，蠟炬成灰淚始乾。」這是李商隱最出名的情詩。他在山上遇見一個美麗宮女，不僅為她寫詩，還用最溫柔的文字說出他的想念。雖然無法在一起，可是他的詩已經成為最美麗的信物。

010 李後主　思鄉的皇帝
Li Yü:Emperor in Exile
原著／李煜　原典改寫／劉思源　故事／比方　繪圖／查理宛豬

李後主是最有才華的皇帝，也是命運悲慘的皇帝。他的天真善良，讓他當不成一個好君主，卻成為我們心中最溫柔善感的詞人，也總是讓我們跟著他嘆息：「問君能有幾多愁，恰似一江春水向東流。」

011 蘇軾　曠達的文豪
Su Shih:The Incorrigible Optimist
原著／蘇軾　原典改寫／劉思源　故事／張瓊文　繪圖／桑德

誰能精通書畫，寫詩詞又寫散文？誰不怕挫折，幽默頑皮面對每一次困境？他就是蘇軾。透過他的作品，我們看到的不僅是身為「唐宋八大家」的出色文采，更令人驚嘆的是他處處皆驚喜與享受的生活態度。

012 李清照　中國第一女詞人
Li Ch'ing-chao:The Preeminent Poetess of China
原著／李清照　原典改寫／劉思源　故事／鄧芳喬　繪圖／蘇力卡

李清照與丈夫趙明誠雖然不太富有，卻用盡所有的錢搜集古字畫，帶回家細細品味。只是戰爭發生，丈夫過世，李清照像落葉一樣飄零，所有的難過，都只能化成文字，寫下一句「簾捲西風，人比黃花瘦」。

013 辛棄疾　豪放的英雄詞人
Hsin Ch'i-chi:The Passionate Patriot
原著／辛棄疾　原典改寫／岑澎維　故事／張瑜珊　繪圖／陳柏龍

辛棄疾，宋代的愛國詞人。收回被金人佔去的領土，是他的夢想。他把這個夢想寫進詞裡，成為豪放派詞人的代表。看他的故事，我們可以感受「氣吞萬里如虎」的氣勢，也能體會「卻道天涼好箇秋」的自得。

014 姜夔　愛詠梅的音樂家
Jiang K'uei:Plum Blossom Musician
原著／姜夔　原典改寫／嚴淑女　故事／張瓊文　繪圖／57

姜夔是南宋詞人，同時也是音樂家，不僅自己譜曲，還留下古代的樂譜，將古老的旋律流傳到後世。他的文字優雅，正如同他敏感細膩的心思。他的創作，讓我們理解了萬物的有情與奧妙。

015 馬致遠　歸隱的曲狀元
Ma Chih-yüan:The Carefree Playwright
原著／馬致遠　原典改寫／岑澎維　故事／張瓊文　繪圖／簡漢平

「枯藤老樹昏鴉，小橋流水平沙」，是元曲家馬致遠最出名的作品，他被推崇為「曲狀元」。由於仕途不順，辭官回家。這樣曠達的思想，讓馬致遠的作品展現豪氣，被推崇為元代散曲「豪放派」的代表。

經典○
少年遊

youth.classicsnow.net

012
李清照 中國第一女詞人
Li Ch'ing-chao
The Preeminent Poetess of China

編輯顧問（姓名筆劃序）
王安憶　王汎森　江曉原　李歐梵　郝譽翔　陳平原
張隆溪　張臨生　葉嘉瑩　葛兆光　葛劍雄　鄭培凱

原著：李清照
原典改寫：劉思源
故事：鄧芳喬
封面繪圖：蘇力卡　尤千誠
內頁繪圖：蘇力卡

主編：冼懿穎
編輯：張瑜珊　張瓊文　鄧芳喬
美術設計：張士勇　倪孟慧
校對：呂佳真

企畫：網路與書股份有限公司
出版者：大塊文化出版股份有限公司
台北市105022南京東路四段25號11樓
www.locuspublishing.com
讀者服務專線：0800-006689
TEL：+886-2-87123898
FAX：+886-2-87123897
郵撥帳號：18955675
戶名：大塊文化出版股份有限公司
法律顧問：董安丹律師、顧慕堯律師

總經銷：大和書報圖書股份有限公司
地址：新北市新莊區五工五路2號
TEL：+886-2-8990-2588
FAX：+886-2-2290-1658
製版：瑞豐實業股份有限公司

初版一刷：2012年10月
初版二刷：2021年6月
定價：新台幣299元